BEI GRIN MACHT SICH IHR WISSEN BEZAHLT

Christel Rittmeyer

Inklusive Pädagogik unter besonderer Berücksichtigung der Förderschwerpunkte Lernen und soziale sowie emotionale Entwicklung

Implikationen und aktueller Handlungsbedarf bezogen auf Studienange-bot, Didaktik und insbesondere Diagnostik

GRIN Verlag

Bibliografische Information der Deutschen Nationalbibliothek:

Die Deutsche Bibliothek verzeichnet diese Publikation in der Deutschen National-
bibliografie; detaillierte bibliografische Daten sind im Internet über http://dnb.d-
nb.de/ abrufbar.

Impressum:

Copyright © 2009 GRIN Verlag GmbH
Druck und Bindung: Books on Demand GmbH, Norderstedt Germany
ISBN: 978-3-640-39269-8

Dieses Buch bei GRIN:

http://www.grin.com/de/e-book/134697/inklusive-paedagogik-unter-besonderer-
beruecksichtigung-der-foerderschwerpunkte

GRIN - Your knowledge has value

Der GRIN Verlag publiziert seit 1998 wissenschaftliche Arbeiten von Studenten, Hochschullehrern und anderen Akademikern als eBook und gedrucktes Buch. Die Verlagswebsite www.grin.com ist die ideale Plattform zur Veröffentlichung von Hausarbeiten, Abschlussarbeiten, wissenschaftlichen Aufsätzen, Dissertationen und Fachbüchern.

Besuchen Sie uns im Internet:

http://www.grin.com/

http://www.facebook.com/grincom

http://www.twitter.com/grin_com

Inklusive Pädagogik in Bezug auf die Schwerpunkte Lernen und soziale/emotionale Entwicklung

Implikationen und aktueller Handlungsbedarf
bezogen auf Studienangebot, Didaktik und insbesondere Diagnostik

These 1

Die **UN-Konvention** zum Schutz der Rechte von Menschen mit Behinderung **favorisiert** ein inklusives Bildungssystem. Besondere Maßnahmen in **speziellen Institutionen** werden jedoch nicht ausgeschlossen.
Die Konvention wird zu einer **weiteren Zunahme** des **gemeinsamen Unterrichts** führen.

Einleitung und Überblick

Die im März 2009 in der Bundesrepublik Deutschland in Kraft getretene UN-Konvention zum Schutze der Rechte von Menschen mit Behinderung verleiht Integration und Inklusion eine zunehmende Bedeutung.

Diese Konvention wird, so meine Einschätzung, zu einer Ausweitung des GU führen. Derzeit werden im Bundesdurchschnitt rund 16 % Prozent der Schüler mit sonderpädagogischem Förderbedarf im GU unterrichtet. Deren Anteil variiert von Land zu Land erheblich:

Bremen steht mit knapp 50 Prozent an der Spitze, NRW beispielsweise, aus dem ich komme, liegt bei knapp 14 Prozent (vgl. RITTMEYER 2009, 6).

Berücksichtigt das aktuelle Studienangebot hinreichend diese Entwicklung? Und: gibt es das notwendige spezifische Angebot einer inklusiven Didaktik und Diagnostik?

Sind zusammengefasst die notwendigen Grundlagen für den GU vorhanden?

Um diese Fragen wird es in meinem Beitrag gehen.

Schulische Integration im Kontext gesellschaftlicher Inklusion

Die generelle Richtung hin zum gemeinsamen Unterricht ist nach meiner Einschätzung nicht mehr rückgängig zu machen.

Bislang gab es in Europa durch die Gültigkeit der Charta von Luxemburg aus dem Jahre 1996 keine klare bildungspolitische Positionierung pro inklusive Bildung und Erziehung.

Die neue UN-Konvention dagegen favorisiert ein egalitäres, inklusives Schulsystem. Allerdings schließt auch sie besondere pädagogische Maßnahmen in speziellen Institutionen nicht aus (vgl. ELLGER-RÜTTGARDT 2008, 443 und 446).

Der Stellenwert von Integration und Inklusion im Studium

Schüler mit dem Förderschwerpunkt Lernen und soziale und emotionale Entwicklung gehören somit inzwischen schon in vielen Fällen zum alltäglichen Erscheinungsbild in Klassen allgemeiner Schulen.

Werden zukünftige Lehrer hierauf ausreichend vorbereitet?

These 2

An den **Universitäten und Hochschulen** mit Grundschullehrerausbildung fehlt ein (verbindliches) Angebot zum gemeinsamen Unterricht.

Mit dieser Frage hat sich FRANZKOWIAK 2008 ausführlicher beschäftigt. Dem gingen ähnlichen Studien u. a. von GEHRMANN, NAGODE, SCHMETZ und WINTERMANN voraus (vgl. GEHRMANN/NAGODE/ SCHMETZ/WINTERMANN 2000).

FRANZKOWIAK hat im Dezember 2008 43 Verantwortliche für die Grundschullehrer-Ausbildung an deutschen Hochschulen angeschrieben.

Sein Ziel war es, Auskünfte über ein Angebot zum Gemeinsamen Unterricht zu erhalten.

Die Untersuchung ergab enorme Unterschiede im Angebot zum GU.

Beinahe an der Hälfte der deutschen Universitäten bzw. Pädagogischen Hochschulen mit Lehrerausbildung gab es keine speziellen Lehrangebote zum GU.

Pflichtveranstaltungen gab es an keiner deutschen Hochschule (vgl. FRANZKOWIAK 2009, 19).

These 3

Im Hinblick auf inklusive Praxis ist der **Bremer Masterstudiengang** ein **optimales Studienangebot**. Ein **Seminar zum GU** wie an der **Universität Wuppertal** ist **ein überall einzurichtendes Mindestangebot** für den ersten Schritt.

Die Präambel des UN-Übereinkommens hebt die Bedeutung des vollen Zugangs zur Bildung hervor. Der Konvention zufolge ist inklusive Bildung eine wichtige Voraussetzung, damit Menschen mit Behinderung alle Menschenrechte und Grundfreiheiten voll genießen können.

Angesichts der Forderungen der UN-Konvention einerseits, der Ergebnisse von FRANZKOWIAK andererseits ist es notwendig, an Hochschulen und Universitäten mit Lehrerbildung die notwendigen Bedingungen zu schaffen.

Optimal erscheinen diesbezüglich Ausbildungsangebote wie das Masterstudium „Inklusive Pädagogik - Lehramt Sonderpädagogik in Kombination mit dem Lehramt an Grund-/Sekundarschulen" hier an der Universität Bremen.

Mindestanforderungen für andere Hochschule sind:

1. Alle Universitäten und Pädagogischen Hochschulen bieten Veranstaltungen zum Gemeinsamen Unterricht an.

2. Alle Studienordnungen werden dahingehend überarbeitet, dass integrations- und inklusionspädagogische Studieninhalte als v e r b i n d l i c h e Bestandteile aufgenommen werden.

3. In einem ersten Schritt werden Informationen über das AO-SF, die Prävention und Intervention von Lern- und Verhaltensschwierigkeiten, Grundlagen einer inklusiven Didaktik und Diagnostik sowie subjektorientierte Formen der Leistungserbringung, - dokumentation und –evaluation (z. B. das Portfolio) vermittelt.

Zusammen mit Frau Quiram-Jurkiewicz biete ich seit nunmehr 6 Semestern ein Seminar zum gemeinsamen Unterricht an der Bergischen Universität Wuppertal an. Es wird sowohl von Studenten der Primarstufe als auch der Sekundarstufe besucht.

Das Seminar hat einen hohen Verbindlichkeitscharakter im Studium. Studenten müssen entweder die Veranstaltung Geschlechterstruktur oder gemeinsamer Unterricht besuchen.

Im Folgenden sehen Sie die Inhalte unserer Veranstaltung (vgl. Anhang). Bei der Auswahl war es unser Bestreben, in besonderer Weise Schüler mit dem Risiko der Lern- und Verhaltensschwierigkeiten zu berücksichtigen.

Die Inhalte weisen nach meiner Einschätzung große Überschneidungen mit dem Masterstudium Inklusive Pädagogik an Ihrer Universität auf.

Weitere Inhalte, die zu Ihrem Angebot gehören, waren ursprünglich auch Gegenstand unserer Veranstaltung. In den letzten Semestern haben wir auf diese Inhalte jedoch zugunsten einer Schwerpunktlegung auf Fragen der Diagnostik und Förderplanung verzichtet.

Grundstruktur einer inklusiven Didaktik und deren potentieller Anregungscharakter für die zukünftige Schule

Vorhandenes theoretisches Wissen sowie Erfahrungen über den GU werden somit im Studium bis dato nicht hinreichend vermittelt wird und sind – bis auf die dargestellte Ausnahme – nach meinen Informationen nicht verbindlich.

Darüber hinaus klaffen in wesentlichen Bereichen unseres Themas theoretische Lücken.

Ein erster Bereich, in dem Lücken festzustellen sind, ist inklusive Didaktik.

Wie Monika SCHUMANN in ihrer Analyse der Integrationsbewegung resümiert, ist inklusiv orientierte Didaktik ein vernachlässigter Themenkomplex der Integrationsforschung (vgl. SCHUMANN 2006, 18).

These 4

Inklusiv orientierte **Didaktik** ist ein **vernachlässigter** Themenkomplex der **Integrationsforschung.**

Und auch SEITZ kommt in einer Publikation aus dem Jahre 2006 zu dem Schluss, dass die didaktische Frage inklusiven Unterrichts noch lange nicht zufrieden stellend bearbeitet sei (vgl. SEITZ 2006, 1).

Von Seiten der Inklusionsforschung, beispielsweise HINZ, wird die Frage einer inklusiven Didaktik nicht weiter bearbeitet. Und selbst in dem vielzitierten „index for inclusion" gibt es kaum Aussagen zur Didaktik (vgl. a. a. O., 2).

These 5

In einer inklusiven Didaktik wird der **Unterrichtsgegenstand vom Schüler mitbestimmt.** Inklusive Didaktik **fragt** nach dem **„Grundlegenden", dem Kern der Sache.**

Eine inklusive Didaktik weist nach meiner Einschätzung Überschneidungen mit dem Ansatz von FEUSER auf (Stichwort: gemeinsamer Gegenstand). Der Unterschied zum Ansatz von FEUSER ist mit SEITZ jedoch darin zu sehen, dass der gemeinsame Gegenstand einer inklusiven Didaktik nicht allein von der Lehrerin, sondern auch von den Schülern m i t konstruiert wird. Die Lehrerin trifft somit nicht a l l e i n die didaktischen Entscheidungen, sondern auch die Schüler sind als Didaktiker tätig.

Im Folgenden ein Beispiel, in dem eine Schülerin zur Didaktikerin wird:

„In einer Lernbeobachtungssituation zum biografischen Lernen mit zwei Kindern im zweiten Schulbesuchsjahr inszeniert Janine ein Rollenspiel für Mona, in dem offenbar Mona als Baby dargestellt wird.
Sie verdeutlicht dabei anhand von Monas Rollstuhl den Kontrast zwischen Monas aktueller Körpergröße und ihrer Körpergröße als Säugling. Mona verfolgt dies von einem Lagerungskissen aus mit Blicken und stimmlichen Kommentaren.
Mona wäre es nicht möglich, selbständig ein Rollen- oder Puppenspiel zu ihrer frühen Kindheit zu inszenieren. Sie ist aber offensichtlich stark davon angesprochen, dass ein anderes Kind dies für sie tut.
Mit Blick auf Janines Lernprofil ... lässt sich ... sagen, dass Janine mit dem Rollenspiel und dem inszenierten Größenunterschied zwischen Rollstuhl und Puppe von ihr selbst bevorzugte handlungsbasierte Lernweisen nutzt und damit zugleich Mona einen „Einstieg" in das Thema eröffnet.
Es handelt sich folglich um eine kooperative Lernsituation, von der beide Kinder in unterschiedlicher Weise profitieren..."(SEITZ 2009, 71).

Während die entwicklungslogische Didaktik Feusers nach dem „Einfachsten" fragt, sucht inklusive Didaktik nach dem „Grundlegenden" in enger Verknüpfung mit dem Elementaren im Verständnis Klafkis (vgl. a. a. O., 73).
Inklusiver Didaktik muss es darum gehen, den „Kern der Sache" zu ermitteln (vgl. SEITZ 2006).
Was dies konkret bedeuten kann, verdeutlicht SEITZ am Beispiel der Auseinandersetzung zweier Schüler mit der Fließenden Uhr (vgl. SEITZ 2006, 5).

Perspektiven der Weiterentwicklung

These 6

Inklusive Didaktik kann **durch Integration des Capability-Ansatzes** einen **Beitrag zu einer zukunftsfähigen Schule** liefern.

Innovatives Potenzial der oben skizzierten inklusiven Didaktik ist die zentrale Positionierung der Kinderperspektive. Bei der inklusiven Didaktik steht somit die Subjektseite im Vordergrund. Und Lernprozesse sind durch ein gewisses Maß an Unberechenbarkeit gekennzeichnet.

In der inklusiven Didaktik sind Einflüsse der Entwicklungslogik, des Konstruktivismus sowie des Italieners MILANI-COMPARETTI (vgl. RITTMEYER 1988, Kapitel 2) deutlich erkennbar.

Eine solche inklusive Didaktik kann mögliche Blickverengungen bildungspolitischer Instrumente wie z. B. Standards vermeiden oder überwinden. Inklusive Didaktik hat das Potenzial, einen Beitrag zu einer zukunftsfähigen Schule zu liefern, wenn sie zusätzlich die Gedanken des Capability-Ansatzes integriert (vgl. SEITZ 2009, 74 f.).

Dieser Ansatz wurde von einer der bedeutendsten Philosophinnen der Gegenwart, Martha Craven Nussbaum, zusammen mit dem Ökonomen Amartya Sen entwickelt.

Im Zentrum dieses Ansatzes geht es um die Qualität menschlichen Lebens.

Bei dieser Frage ist die Erweiterung der Capabilities zentral. Capabilities sind Befähigungen. Mit ihnen verwirklichen Menschen ihre Funktionen. D. h. mit den Capabilities verwirklichen sie das, was sie „aufgrund ihrer Möglichkeiten und Veranlagung erreichen können".

„Die Befähigung (Capabilities) ermöglichen es Menschen, ihre Funktionen zu verwirklichen. Der Befähigunganatz ist … ein weites Konzept und betrifft Fragen, die mit dem sogenannten Lebensstandard zwar eng korreliert sind, jedoch darüber hinausgehen…Es geht bei den Befähigungen … nicht nur um Einkommen, Reichtum oder Nutzen, sondern darum, was Menschen konkret damit verwirklichen können. Im Rahmen menschlichen Lebens, wie es geführt werden könnte, ist auch die Betrachtung von Berechtigungen nur instrumentell wichtig; **der Schwerpunkt** der Betrachtung **sollte** eigentlich auf den zugrundeliegenden menschlichen Funktionen (Functioning) und vor allem deren Ermöglichung (Capabilities) über Berechtigungen (Entitlements) **liegen (Empowerment") (**vgl. KLIER 2009, 7).

So verstanden, weist der Capability-Ansatz Parallelen zum Empowerment-Ansatz auf, geht durch Einbeziehung der ökonomischen Komponente jedoch weiter. Er hat damit eine universelle Gültigkeit auch über den Bereich der Pädagogik hinaus.

Veränderte Sichtweisen und eine veränderte Diagnostik

Diagnostik hängt eng mit dem Menschenbild zusammen. Dieses wiederum ist auch mitentscheidend dafür, wie Lern- und Verhaltensschwierigkeiten verstanden und bezeichnet werden und welche Förderung angeboten wird (vgl. RITTMEYER 2005, 17).

Nach den Empfehlungen der Kultusministerkonferenz Deutschlands wurde der Begriff *Lernbehinderung* 1994 durch den Begriff *„sonderpädagogisch förderbedürftig im Förderschwerpunkt Lernen"* ersetzt. Aber nicht nur die Bezeichnung des Störungsbildes wurde geändert, sondern auch der Name der Institution. So wurde z. B. die Bezeichnung „Schule für Lernbehinderte" ersetzt durch Begriffe wie Förderschule und Schule für Lernhilfe (vgl. KRETSCHMANN 2006, 141).

These 7

Die **Sichtweise** von **Lern- und Verhaltensschwierigkeiten** hat sich **verändert**.

Die Formulierung „sonderpädagogisch förderbedürftig" ist mit einer veränderten Sichtweise von Lern- und Verhaltensschwierigkeiten verbunden. Diese werden nicht mehr allein als Eigenschaften einer Person verstanden. Sie werden vielmehr auch als ein Zustand begriffen, in den ein Schüler infolge eines komplexen und dynamischen Zusammenwirkens von individuellen Eigenschaften und Umfeldeinflüssen gelangen kann (vgl. ebd.).

Auch bei einer solchen Blickrichtung ist weiterhin nach i n d i v i d u e l l e n Eigenschaften und Verhaltensweisen zu fragen, die manche Lernende eher als andere förderbedürftig werden lassen. Hierbei ist ein besonderes Augenmerk sowohl auf die Entwicklungsrisiken (Risikofaktoren) als auch die schützenden Bedingungen (Schutzfaktoren) zu richten.

Anforderungen an eine integrative Diagnostik

In einer Vielzahl von wissenschaftlichen Arbeiten ist in den letzten Jahren die Bedeutung der Diagnostik als Grundlage für die pädagogische Arbeit dargelegt worden (vgl. WEINERT 2000, HORSTKEMPER 2004, KRETSCHMANN 207 und VON DER GROEBEN 2003). Wie für die Didaktik des gemeinsamen Unterrichts gilt aber auch hier, dass es nur vergleichsweise wenige Quellen zur Frage einer inklusiven Diagnostik gibt. So sind In neurer Zeit lediglich zwei Aufsätze zur Thematik im engeren Sinne von HINZ und BOBAN sowie von WIESE erschienen sowie eine von ONDRACEK und STÖRMER herausgegebene Monographie.

These 8

Inklusive Diagnostik ist **ein weiterer vernachlässigter Forschungskomplex.**

Von ONDRACEK und STÖRMER sind **Merkmale** einer inklusiven Diagnostik herausgearbeitet worden, auf denen weiter aufgebaut werden kann (vgl. ONDRACEK/STÖRMER 2007, 39):

- Untersuchung der **Problemsituation, exkludierenden** Bedingungen und **beeinträchtigten Erziehungs-** und **Lernprozesse**
- **Einbeziehung** der **Person** und **ihres sozialen Umfeldes**
- **hohe Bedeutung qualitativer Aussagen** (quantifizierende Daten Haben ergänzenden Charakter)
- Entwicklung von **Arbeitshypothesen**
- **Ressourcenorientierung** (keine Beschreibung von Defiziten, sondern Betonung von Entwicklungsmöglichkeiten)
- **Diagnostik ist und muss Grundlage der Förderplanung sein**
- **Flexibilität in der Verwendung** („Eingangsdiagnostik", als „förderungs-begleitende Diagnostik", „förderungsprozessbegleitende Diagnostik", „Auswirkungs-diagnostik am Ende des Förderungsprozesses")

These 9

Schwerpunkte inklusiver Diagnostik sind:

Fokus auf

- das **Subjekt**
- auf **Entwicklung**
- auf **Dialog** und **Kooperation**
- auf das **Erkennen subjektiver Realität**
- auf **Kompetenzen und Ressourcen** und
- auf **Coping-Strategien**

Inklusive Diagnostik sollte durch die folgenden Schwerpunktlegungen gekennzeichnet sein (vgl. ONDRACEK/STÖRMER 2007, Hrsg., 40-68):

- Fokus auf das Subjekt
- Fokus auf die Entwicklung
- Fokus auf Dialog und Kooperation
- Fokus auf das Erkennen subjektiver Realität
- Fokus auf Kompetenzen und Ressourcen
- Fokus auf Coping-Strategien

1 Fokus Orientierung auf das Subjekt

Auch eigenwillige und herausfordernde Handlungsweisen sind als Resultat sinnvoller und systemhafter psychischer Entwicklung zu begreifen. Entwicklungsbedingungen sind daraufhin zu untersuchen, ob sie Momente der Isolation beinhalten. Denn je mehr isolierende Bedingungen, desto mehr sind die Möglichkeiten spezifischer Erfahrungen für den betroffenen Menschen eingeengt.

„Sind die Möglichkeiten des Sich-in-Beziehung-Setzens reduziert, reduziert sich auch die Aneignung der Welt in ihrer ganzen Komplexität" (STÖRMER 2007, 43)

2 Fokus auf die Entwicklung

Bei inklusiver Diagnostik steht die Bedeutung und Beurteilung von anders gearteten und erwartungswidrigen Entwicklungsverläufen im Mittelpunkt der Betrachtung (vgl. SODOGÉ 2007, 46). Inklusive Diagnostik muss differierende Entwicklungen erkennen können, ohne sie allerdings als defizitär zu beschreiben. Es ist deshalb wichtig, dass überindividuelle Gemeinsamkeiten und Entwicklungsabfolgen in Bezug zum Lebensalter bekannt sind, damit professionell gearbeitet werden kann. Entwicklung, die als Ergebnis eines komplexen Interaktionsprozesses verstanden wird, kann nicht allein mit standardisierten Verfahren erfasst werden (vgl. a. a. O., 47).

3. Fokus auf Dialog und Kooperation

Eine wichtige Komponente einer inklusiven Diagnostik ist der Dialog. Dieser wiederum ist nur möglich in symmetrischen Beziehungen. Der Diagnostiker ist nicht mehr derjenige, der Urteile fällt, Ratschläge erteilt und alles in die richtige Bahn lenkt. Er begegnet dem Klienten mit Respekt gegenüber dessen Individualität (vgl. HÁJKOVÁ 2007, 50 f.).

Was dies konkret bedeutet, hat Barbara LANGMAACK in ihrer Darstellung des Ansatzes von Ruth Cohn dargestellt (vgl. LANGMAACK 2001).

MUTZECK hat zudem Aspekte der Gesprächsführung aufgezeigt, mit denen sich ein Leitfaden für die Gesprächsführung erarbeiten lässt (vgl. MUTZECK 2002).

4. Fokus auf das Erkennen subjektiver Realität

Viele Probleme entstehen dadurch, dass die subjektiven Sichtweisen von Menschen z u unterschiedlich sind. Subjektive Realität ist durch Selbsterfassung (Introspektion), Fremderfassung sowie eine Kombination dieser beiden Vorgehensweisen möglich. In der Inklusionsförderung ist es angezeigt, Selbst- und Fremderfassung zu kombinieren. Die beteiligten Personen müssen gemeinschaftlich vorgehen und sich die Ergebnisse ihrer Erforschungen ergänzend zur Verfügung stellen (vgl. ONDRACEK 2007, 55).

5. Fokus Kompetenzen und Ressourcen

Inklusive Diagnostik ist kompetenzen- und ressourcenorientiert. Kompetenzenorientierung bedeutet vorrangig, bei einem Menschen beobachtete Auffälligkeiten auch als Ausdruck von Entwicklung sowie als Kompetenz zur Bewältigung von Situationen zu verstehen. Solche Auffälligkeiten sind Verhaltensweisen, die in einer Situation der Isolation entwickelt wurden. Und das eigentliche Problem sind nicht die als unangemessen angesehenen Handlungsweisen. Problem ist vielmehr das in der bisherigen Entwicklung und der

Gegenwart vorhandene Fehlen von möglichen Handlungsalternativen. Kompetenzen im Kontext inklusiver Pädagogik müssen konkret auf die Situation eines Menschen in Risikolage bezogen werden (vgl. STÖRMER 2007, 61).

Inklusive Diagnostik hat danach zu fragen

- welche Kompetenzen vorhanden sind und unter welchen Bedingungen sie zur Anwendung kommen können
- wie vorhandene Kompetenzen differenziert werden können und
- wie neue und andere Kompetenzen entwickelt werden können (vgl. a. a. O., 59).

6. Fokus auf Coping-Strategien

Last but not least muss inklusive Diagnostik effektive Möglichkeiten der Bewältigung von Lastsituationen identifizieren. Diese Bewältigung wird als Coping bezeichnet (vgl. HÁJKOVÁ 2007, 62).

Um die Coping-Strategien zu erfassen, ist eine Kombination von Fragebogenmethode, Beobachtung und strukturiertem Dialog geeignet (vgl. a. a. O., 67).

Zusammenfassung und Ausblick

Es wurde aufgezeigt, dass durch die im März verabschiedete UN-Konvention zum Schutz der Rechte von Menschen mit Behinderung der gemeinsame Unterricht nicht mehr rückgängig zu machen ist und sich vermutlich ausdehnen wird.

Inhalte des gemeinsamen Unterrichts werden nur an der Hälfte der Universitäten und Hochschulen angeboten und sind bis auf eine mir bekannte Ausnahme an keiner Hochschule oder Universität mit Grundschullehrerausbildung verpflichtend.

Es wurde eine Struktur dargestellt, mit der Universitäten ein erstes Angebot zum gemeinsamen Unterricht machen können.

Zur Didaktik des inklusiven Unterrichts gibt es nur wenige Beiträge.

Der Ansatz von SEITZ stellt eine Grundlage dar, auf der weiter aufgebaut werden kann. Insbesondere ist eine Verbindung mit dem Capability-Ansatz von SEN und NUSSBAUM anzustreben.

Last but not least fehlt bisher ein ausgearbeitetes Konzept für eine inklusive Diagnostik. Welche Schwerpunkte eine inklusive Diagnostik setzen sollte, ist dargelegt worden. Mit welchen Verfahren inklusive Diagnostik arbeiten kann, zeige ich in einem fertig vorliegenden Manuskript auf.

Literaturverzeichnis

AICHELE, Valentin (2008): Die UN-Behindertenrechtskonvention und ihr Fakultativprotokoll. Ein Beitrag zur Ratifizierungsdebatte. Deutsches Institut für Menschenrechte.
http://files.institut-fuer-menschenrechte.de/
488/d80_v1_file_48c518ea5dc4b_policy_paper_die_un_behindertenrechtskonventio
n.pdf , Zugriff vom 16.07.2009

BOBAN, Ines/HINZ, Andreas: Diagnostik für Integrative Pädagogik. http://209.85.132/search?qcache:vyhof_c152wJ:www.gew-nds.de. Zugriff vom 16.07.2009
Entspricht der 1998 in EBERWEIN, H. & KNAUER, S., Beltz, 151-164 erschienenen Version.

DEDERICH, Markus (2006): Disability Studies und Integration. In: PLATTE, Andrea/SEITZ, Simone/TERFOLTH, Karin (Hrsg.): Inklusive Bildungsprozesse. Klinkhardt: Bad Heilbrunn, 23-34

HINZ, Andreas (o. J.): Vom sonderpädagogischen Verständnis der Integration zum integrationspädagogischen Verständnis der Inklusion.
http://209.85.135.132/search?q=cache:W5ggeBKmw38J:www.gew-
nds.de/sos/Vortrag-
hinz.doc+HINZ,+Andreas+%28+%29:+Vom+sonderp%E4dagogischen+Verst%E4nd
nis+der+Integration+zum+integrationsp%E4dagogischen+Verst%E4ndnis+der+Inklu
sion.&cd=1&hl=de&ct=clnk. Zugriff vom 16.07.2009

FRANZKOWIAK, Thomas (2008): Integration, Inklusion, Gemeinsamer Unterricht – Themen für die Grundschullehramtsausbildung an Hochschulen in Deutschland? Eine Bestandsaufnahme. http://bidok.uibk.ac.at/library/franzkowiak-integration.html. Zugriff vom 16.07.2009

GEHRMANN, Petra/NAGODE, Claudia/SCHMETZ, Ditmar/WINTERMANN, Birgit (2000): Neugestaltung der sonderpädagogischen Kompetenzen für

Lehramtsstudierende. http://bidok.uibk.ac.at/library/gehrmann-eisenstadt.html. Zugriff vom 16.07.2009

HÄJKOVÄ, Vanda (2007): Fokus auf Dialog und Kooperation. In: ONDRACEK, Petr/STÖRMER, Norbert (2007): Diagnostik und Planung. Berlin: Frank & Thieme, 50-53

HELMKE, Andreas (2003): Unterrichtsqualität erfassen, bewerten, verbessern. Seelze: Kallmeyersche Verlagsbuchhandlung

HORSTKEMPER, Marianne (2004): Diagnosekompetenz als Teil pädagogischer Professionalität. In: Neue Sammlung, 44, 2, 201-214

KLIER, Alexander (2009): Amartya Kumar Sen & Martha Craven Nussbaum: Jedem nach seinen Befähigungen. http://www.alexander-rager.de/Befahigungen. Zugriff vom 16.07.2009

KRETSCHMANN. Rudolf (2006): Diagnostik bei Lernbehinderung. In: PETERMANN; Ulrike /PETERMANN; Franz (2006): Diagnostik sonderpädagogischen Förderbedarfs. Tests und Trends. Jahrbuch der pädagogisch-psychologischen Diagnostik. Göttingen: Hogrefe, 139-162

LANGMAACK, B. (2001): Einführung in die Themenzentrierte Interaktion TZI. Leben rund ums Dreieck. Weinheim: Beltz Verlag

MUTZECK, W. (2002): Kooperative Beratung. Grundlagen und Methoden der Beratung und Supervision im Berufsalltag. Weinheim: Beltz Verlag, 5., aktualisierte Auflage 1996

ONDRACEK, Petr (2007): Fokus auf das Erkennen subjektiver Realität. In: ONDRACEK, Petr/STÖRMER, Norbert (2007): Diagnostik und Planung. Berlin: Frank & Thieme, 54-62

ONDRACEK, Petr/STÖRMER, Norbert (2007): Diagnostik und Planung. Berlin: Frank & Thieme

ONDRACEK, Petr/STÖRMER, Norbert (2007): Diagnostik in der Inklusionsförderung. In: ONDRACEK, Petr/STÖRMER, Norbert (2007): Diagnostik und Planung. Berlin: Frank & Thieme, 38-40

RITTMEYER, Christel (1988): Bewegung gegen Ausgrenzung. Die integrativen Psychiatrie- und Schulreformen Italiens. Weinheim: Deutscher Studien Verlag

RITTMEYER, Christel (2005): Kompendium Förderdiagnostik. Prinzipien, Methoden und Einsatzbereiche. Horneburg: Persen

RITTMEYER, Christel (2009): Sonderpädagogik in NRW. Unveröffentlichtes Manuskript

SCHULZE, Marianne (2009): Die Konvention: Ihre Notwendigkeit und ihre Möglichkeiten. Behinderte Menschen. Zeitschrift für gemeinsame Leben, Lernen und Arbeiten. 1/2009, 20-25

SCHUMANN, Monika (2006): Ein wissenschaftliches Netzwerk wird 20 – Zur Geschichte und Gegenwart der Integrationsforschung. http://www.inklusion-online.net/index.php?menuid=3&reporeid=18. Zugriff vom 16.07.2009

SEITZ, Simone (2006): Inklusive Didaktik: Die Frage nach dem 'Kern der Sache'. http://bidko.uibk.ac.at/library/inkl-01-06-seitz-didaktik.html. Zugriff vom 16.07.2009

SEITZ, Simone (2009): Zur Innovationskraft inklusiver Pädagogik und Didaktik. In: JERG, Jo/MERZ-ATALIK, Kerstin/THÜMMLER, Ramona/TIEMANN, Heike (Hrsg.): Perspektiven auf Entgrenzung. Erfahrungen und Entwicklungsprozesse im Kontext von Inklusion und Integration. Bad Heilbrunn: Klinkhardt Verlag, 67-79

SODOGE (2007) Fokus auf die Entwicklung. In: ONDRACEK, Petr/STÖRMER, Norbert (2007): Diagnostik und Planung. Berlin: Frank & Thieme, 46-50

STÖRMER, Norbert (2007): Ansatz auf das Subjekt. In: ONDRACEK, Petr/STÖRMER, Norbert (2007): Diagnostik und Planung. Berlin: Frank & Thieme, 40-46

VON DER GROEBEN, Annemarie (2003): Verstehen lernen. Diagnostik als didaktische Herausforderung. Pädagogik, 55, Heft 4, 6-9

WIESE, Elke Susanne (2001): Integrationsfördernde Diagnostik. http://bidok-uibk.ac.at/library/beh2-01-wiese.diagnostik.html

Übersicht über die Inhalte des eigenen Seminars zum Thema

__„Individuelle Förderung von Schülerinnen und Schülern mit und ohne sonderpädagogischem Förderbedarf im gemeinsamen Unterricht"__

A) Rechtliche und theoretische Voraussetzungen des gemeinsamen Unterrichts

1. Terminologie und aktuelle rechtliche Grundlagen
2. Ergebnisse der Integrationsforschung
3. AO-SF

B) Förderdiagnostik, Förderziele und Fördermöglichkeiten (ausgewählte Aspekte)

4. Teufelskreis Lernstörungen
5. Quantitative und qualitative Diagnostik
6. Verhalten (Prävention, Diagnostik, Intervention)
7. Aufmerksamkeitsstörungen/Konzentrationstraining

C) Förderdiagnostik, Förderziele und Fördermöglichkeiten in den Fächern Deutsch und Mathematik

8. Deutsch
    8.1 Verfahren pädagogischer Diagnostik für die Primarstufe
    8.2 Verfahren pädagogischer Diagnostik für die Sekundarstufe
    8.3 Förderung der Lesekompetenz in der Primarstufe
    8.4 Förderung der Lesekompetenz bei älteren Lesenden (Sekundarstufe, ausgewählte Beispiele)
9. Mathematik
    9.1 Verfahren pädagogischer Diagnostik
    9.2 Förderung

D)   Unterrichtspraxis

Struktur eines Förderplans

Fallbeispiele

Das Konzept Portfolio (Theorie und praktische Beispiel)

Thesenpapier

These 1

Die **UN-Konvention** zum Schutz der Rechte von Menschen mit Behinderung **favorisiert** ein inklusives Bildungssystem. Besondere Maßnahmen in **speziellen Institutionen** werden jedoch nicht ausgeschlossen.

Die Konvention wird zu einer **weiteren Zunahme** des **gemeinsamen Unterrichts** führen.

These 2

An den Universitäten und Hochschulen mit Grundschullehrerausbildung fehlt ein (verbindliches) Angebot zum gemeinsamen Unterricht.

These 3

Im Hinblick auf inklusive Praxis ist der **Bremer Masterstudiengang** ein **optimales Studienangebot**. Ein **Seminar zum GU** wie an der **Universität Wuppertal** ist **ein überall einzurichtendes Mindestangebot** für den ersten Schritt.

These 4

Inklusiv orientierte **Didaktik** ist ein **vernachlässigter** Themenkomplex der **Integrationsforschung.**

These 5

In einer inklusiven Didaktik wird der **Unterrichtsgegenstand vom Schüler mitbestimmt**. Inklusive Didaktik **fragt** nach dem **„Grundlegenden", dem Kern der Sache**.

These 6

Inklusive Didaktik kann **durch Integration des Capability-Ansatzes** einen **Beitrag zu einer zukunftsfähigen Schule** liefern.

These 7

Die **Sichtweise** von **Lern- und Verhaltensschwierigkeiten** hat sich **verändert**.

These 8

Inklusive Diagnostik ist **ein weiterer vernachlässigter Forschungskomplex.**

These 9

Schwerpunkte inklusiver Diagnostik sind:

Fokus auf

- das **Subjekt**
- auf **Entwicklung**
- auf **Dialog** und **Kooperation**
- auf das **Erkennen subjektiver Realität**
- auf **Kompetenzen und Ressourcen** und
- auf **Coping-Strategien**